大展好書　好書大展
品嘗好書　冠群可期

大展好書　好書大展
品嘗好書　冠群可期

老拳譜新編30

少林拳法秘傳
少林十二式

許禹生 著

大展出版社有限公司

策劃人語

本叢書重新編排的目的，旨在供各界武術愛好者鑒賞、研習和參考，以達弘揚國術，保存國粹，俾後學者不失真傳而已。

原書大多為中華民國時期的刊本，作者皆為各武術學派的嫡系傳人。他們遵從前人苦心孤詣遺留之術，恐久而湮沒，故集數十年習武之心得，公之於世。叢書內容豐富，樹義精當，文字淺顯，解釋詳明，並且附有動作圖片，實乃學習者空前之佳本。

原書有一些塗抹之處，並不完全正確，恐為收藏者之筆墨。因為著墨甚深，不易恢復原狀，並且尚有部分參考價值，故暫存其舊。另有個別字，疑為錯誤，因存其真，未敢遽改。我們只對有些顯著的錯誤之處做了一些修改的工作；對缺少目錄和編排不當的部分原版本，我們根據內容進行了加工、調整，使其更具合理性和可讀性。有個別原始版本，由於出版時間較早，保存時間長，存在殘頁和短頁的現象，雖經多方努力，仍沒有辦法補全，所幸者，就全書的整體而言，其收藏、參考、學習價值並沒有受到太大的影響。希望有收藏完整者鼎力補全，以裨益當世和後學，使我中華優秀傳統文化傳承不息。

為了更加方便廣大武術愛好者對老拳譜叢書的研究和閱讀，我們對叢書做了一些改進，並根據現代人的閱讀習慣，嘗試著做了斷句，以便於對照閱讀。

由於我們水平有限，失誤和疏漏之處在所難免，敬請讀者予以諒解。

目　錄

少林十二式

少林拳法秘傳

少林拳法

練手功夫

後腳略彎前腳鬆，雙目看定他人胸，手出切莫用肩力，緊貼隨手西與東。此手精奇不用力，弱人文士皆可學之。

總究其理，八法手勢，按上中下左右，堅進頭申（點校：此字疑為「伸」字之誤。）前腳收，後曲前直。手中腳八字，各隨所宜，隨手上步，切勿用力。

殘推援奪，圈來撩逼；拋托插殺，隨手順疾；逼捺隨轉，借彼氣力；手到其身，粘吸莫離；任彼千變，我心歸一；彼來雖猛，以捺分敵；以柔克剛，以疾速克；任彼騰挪，彼勞我逸；隨向進步，何勞用力；勤演習練，護身有益；其中妙力，瀟灑脫以；上中真緊，下步堅曲；逼吸存心，時刻莫遺；八門緊直，子午定向；看勢分折（點校：此字似為「拆」字之誤）；他來雖滿，吾手緊直，力來千斤，以捺緊敵，來有蹤影，去無蹤跡；不害吾身，何妨兩得；若變吾援，莫謂不寄；彼來甚滿，吾占齊力；你我俱成，尚觀虛實；以實取虛，以虛取實；實實虛虛，虛虛實實。

穴道三分借力，以長迎短，以直近曲；進生退死，切勿畏懼；字字循環，一能剋一；奸匪莫教，切記不宜。

出手殘推緊卻直，逼捺三分借彼力；抛托插殺隨手化，圈吸援奪下所宜；聚疾能克來者猛，吞吐招捺跌更奇。

功練能尚有之教爾勤習。須演記殘字者；以吾手緊直，探其虛實，就用推字粘連，緊推無有不去者。此是為實推虛也。

援字者：乃演吾手法活潑，乃猿猴之捷，其虛實也。

奪字者：乃奪其來力為吾所用也；圈吸，明進吾身，取其虛實，為我緊勝伸之用也。

捺字者：須周身練熟，助其力猛，臨時取用，其動甚速也。

逼字者：逼其力強身大，使其實為虛，為我展施之用也。

活變之法，手軟如綿，有力用力，無力者用智，去其手緊，動手落身，口要謙遜，手不讓人，久能助動，又能驚人。

步手每法不換移，右足齊手邏周圍；一十八手通練就，臨時取用隨所宜。

凡練功夫，保養為主，久練成剛，熟則生巧。

棍法散抄

子午保定

捕漏莊堂左右兩開，一見退步瀟步，棍起棍落，放力而行，切莫畏懼。

莊堂勢

莊堂一棍，𦟛（點校：手頭字典未查到此字，造字待考）結落子，手脫放力，提步搶勢，一棍手斷，帶破天門，自然如跌退。

四門不入

為泰山勢，陽棍落，陰棍起，一觜一樀（點校：此字音ㄓㄜ）捕漏，棍起棍落，手斷不誤。

金貓捕鼠

劈逢門一棍，保臍上，保子午，單標橫擺棍法，落於手。剪馬三棍，左右一樣，共計十六棍。另有摘花之傳。

五馬破槽

進步逢門一棍，提步洗手一棍，搶右卑勢一棍，剪馬一棍，上卑逢門，盡力一棍，放搶退步看勢。

攔路虎

四馬當頭一勢，進步達魔（點校：應為「摩」字之誤）二十四棍可敵，無虛（點校：疑為「須」字之誤）秘傳也。

白虎卑勢

漂爪一棍，復沙卑勢落，棍響手斷左右開，復棍響手斷。

白虎當頭坐

第二合陣勢，金雞尾樣，上步彌陀請佛，反刁黃龍去洞，放槍攔草，纏泥包身，班結兩邊落棍，下面一棍相同，棍法無鞭。

金雞玉兔

第二合陣勢，金雞尾樣，當堂白虎一棍反搭人倫，小漂刁勢放，劈面保身，班結落棍，討子斷堂，二邊都是一樣，時習抄練不誤。

海內搖樁

第三合，左關右關包圍，拳結放棍，討子斷手無異，兩邊都是一樣，母（點校：疑為「毋」字之誤）分上下，特勤抄練。

丟槍埋傳

第四合，白虎去拋槍，當堂陰勢起，草內睛蛇藏，埋藏頭等看，右見漂白虎，依下把禍消，那有不應之手，理莫厭抄。

四門等靜

第五合，四方白虎起，三關保六奇，東西與南北，四方難得，子午中央攔路虎，回馬去達魔（點校：應為「摩」字之誤），切莫懶惰。

達魔（點校：應為「摩」字之誤）連

第六合，達魔（點校：應為「摩」字之誤）文口二十四，藏頭抬腦去達摩，左拗棍，右拗棍，各人抄練，時時演習。

南陽棍勢

第一合捴（點校：音ㄗㄨㄥˇ，《康熙字典》上收有此字）樣，白虎揚鞭陰棍起，捕漏方知子到宮。就手人倫（點校：此字似為「搶」字之誤）番（點校：此字應為「翻」字之誤）天印，子午刁來殺一棍，上番下番尋道，跌處逢之難脫身。對左掃上原捕漏，保膝陰刁去抽堂。卑結落棍，諸君切記。

餓雞撿食

第二合，向右雜棍回馬，片甲開門閉戶，搶步見勢難妨（點校：此字似為「防」字之誤），四頭白虎快至，班結陰棍臨胸，依舊回馬片甲，精再難以提防，拗鎗小格復棍，四頭拗虎性烈，進步烈勢出槍，此棍向前掃正，何有難得抄習，一場小色俱多。

五馬破槽

第三合，看勢棍來，對面提步，一棍自然傷他右手。對右勢一結，連傷他二手，拗勢之棍必傷他人之手。中門一勢退步，刁堂搶步幾步，一棍連傷五棍，不得有誤，口度其中。

白虎左睛蛇

第四合，對左白虎勢，草內睛蛇，大漂埋伏，虎勢臨胸，傷耳傷面傷手，去鎗（點校：疑為「搶」字之誤）二邊，都是一樣，細蜜（點校：應為「密」字之誤）多端。

金貓捕鼠

第五六合，在內橫步，滴漏傷手，反達人倫，提鞭劈逢門，傷頭手三處之功。然後捕鼠十六棍，另有別路，切莫厭抄。

少連子午棍

第一合，莊堂之勢最難當，收步原來上几忙，包羅天地淹三光，斗頭中門都來看，四海遙（點校：此字似為「瑤」字之誤）池喜洋洋，勸君要小心也。

把火連天罩

第二合，上復車門之逢掌，四頭依舊過時光，掃腳原來盤根勢，一合二共去抛槍。細蜜（點校：此字為「密」字之誤）多端。

烏鴉滿地飛

倒轉珠聯（點校：此字似為「簾」字之誤），啟天誅地之勢，陰陽掃，猴子倒關門。

勸君要小心，演習勿懶。

鐵牛鍊欄

逢門金剛一根，刁鬥牛作之勢，連槍四門歸中，包邏（點校：此字為「羅」字之誤）四面收功，定抄。

散抄手法

崑崙

番（點校：此字似為「翻」字之誤）天羅手勢，跕（點校：音ㄉㄧㄢˋ）步須要腳穩，藏陰勢矮去手，番（點校：此字似為「翻」字之誤）天對勻一推一抄，日月轉崑崙，包就身子左右一樣。另有口傳。

陰手

虎陰之勢，陰起一套，齊（點校：疑為「其」字之誤）他勢看樣跟轉，他若手一拳打來，吾將左手反行，食吞他手，立步一段（點校：疑為「斷」字之誤），他若轉手放力一反牌，自然損他。內有秘傳。

陽手

上臺下臺之勢，陽臺對與他，以子午定法左腳向前，右腳或體（點校：疑為「踢」字之誤）或掃堂，川踢隨便而用，揔（點校：音ㄗㄨㄥˇ）要從心不亂用，如果破廠之人，方可用去。口傳。

盤手

他人來，右者我走其左，他從其左。君若不動，看其陣，二手一到，難以分別。口傳。

滚龍手

他人一槌或一斷，齊手跟匀滚潘（點校：疑為「翻」字之誤），裡手而進，不拘左右，齊步而進，一番（點校：疑為「翻」字之誤）一復，脫勢交原，反覆之力。

日月趕崑崙

那吒之勢，子午定向，三尖三對三鋤方可馬。其勢左右四周都是一樣對匀，左來左食，吞吐高矮不同，變化無窮。內有口傳。

陰陽切

番（點校：疑為「翻」字之誤）天起，見右拳打脫，左抄追進，東西南北，四方一樣，進右起滚，大有秘訣。

惡蛇上水

來左者左上來水，右者右上水，如食吞者，切不畏懼，盡力喪他身。口傳，內中多變多巧秘傳。

刁勢開切

貫揔（音ㄗㄨㄥˇ）二十四套，俱概在內。我用刁勢刁他手去，來用其法馬破他，任他變，看其陣勢，口傳體手俱全，大有秘訣。

趕步鈎子

不拘左右，隨便趕腳，滾手牽鈎並無改移，切莫畏懼，進步向襠而進起，不誤秘傳。

脫胎換骨

雙擒雙食四勢，去於心腸；勞陰槍喉去於心意，或報仇或匪類搶奪方可用，如若不可亂用。秘傳。

餓虎食羊

雙手劈，逢門進，君若小心。虎手提胸，上下受傷，七日命傾，手打處無忌，身受其碎喪命，大有秘訣。

牢內提豬

右手攔他，右手擒穩，右腳或左腳，右牽左丟，自然如跌。

二龍搶寶

左單槌去面，右手隨便而行，左填右對胸堂（點校：應為「膛」字之誤），黑虎臨心腸，於人字穴道上，傷兩目中，傷兩乳下，傷腎子。口傳。

少林三十六步要訣（附圖）

少林第一步硬馬

六通之拳，此一勢硬馬乃少林之拳進退破法，不離這一步，左腳身架用此勢起步，右腳向後不宜慢矣。

初步起步練馬法

少林八門迎風

六通第二練馬法

迎風少林八門頭一步之拳，專破今之長拳短打、各樣鑾槌。

今人以著兩斤鑾力，就稱曉打，拿起槌子，劈面就打來，我用此迎風，一連四下，催他六路。

少林八門短肘

第三步練勢要訣

短打要傍著迎風同用，但迎風搶面之打，短肘則傷其心窩，此二下匆匆傷人用，短肘一落盡也。

六通內八門推板

第四步練勢法

推板之勢雖為馬步，防第二殺手，推板或加斷肘，要接連急出急催，他從何救也。

少林內八門塞肘

第五步練勢法

塞肘乃下盤一切殺步，但殺手宜居中欄，勿高勿低，直看腰門頓處，腳色四肢用力宜硬，方可破勢傷人。

他用小攢打來，我用塞肘盡力一鼎即中。

鐵扇內八門殺步

第六步練勢法

鐵扇乃進門破勢之首，拳變轉即是肩風進門，兩肘方便乃有擒拿防身，任他百般勢子，用此一進即難抵敵。

內八門扇風殺勢

第七步練勢法

扇風能破今世多般拳勢，任他有扳山之力，扇風一到必倒。

第八步練勢法

內八門擒拿勢

擒拿殺勢，乃扇風進門變轉即擒拿也。

此一不拘他何般拳勢，用之功降，但係下盤之步用之，要孔快而進，擒著靠扇風之力。

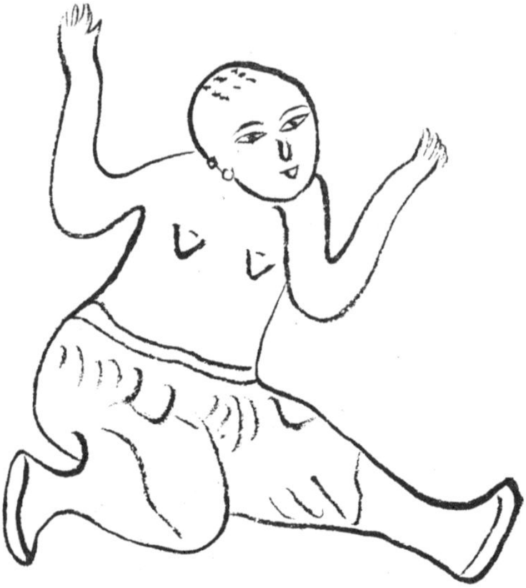

內八門封蔽總勢

第九步練勢法

少林四百七十二下之拳，依八門為主，硬馬為先，四拔為元辰，封蔽為總管，凡傷門破勢，封蔽一出即勝，但封蔽正下盤之打，專以肩風用力，磨地而進。

第十步神拳

左勾元辰練勢法

元辰之勾要用左腳，不比四勾四拔四肩風之勢。

用左腳勾，左手併肘住（點校：應為「往」字之誤）下，右手併肘往上，為定風手。

出勾須要架穩固，出腳一尺二寸。

右拔元辰練勢法

第十一步神拳

用右拔倚勾子同出。六通之用撥滾肘，倒後推，出腳一尺二寸，不可太寬。

此勢原你自穩身子之力。

第十二步

斷肘殺勢練法

斷肘乃少林神拳之殺手。

他人立勢，我欿（點校：此字詞典中未查到，疑為「欲」字）破他，用大半步趕上，左右斷肘打落，將煉四門之勾拔勢一出，斷肘自然倒矣。

不怕他斷肘努力，一打即破。

滾肘殺步練法

第十三步

滾肘殺步用坐步，防身亦可，進門破勢傷人亦可。

但滾肘全靠後腳併（點校：應為「腰」字之誤）要門，一身氣力皆輔此肘而出，任他好漢，滾肘一到即倒矣。

第十四步

併肘殺勢練法

併肘單破飛腳、偷腳、箭腳、潛腳、擺腳冬等樣，他若用腳，單用併肘搶上，一肘才殘落，又加一肘，接連打進，敵難救矣。

第十五步

副肘佛門殺步練法

副肘殺步非是進門破勢之打，乃救八門多人圍住攻一門出身之策。

倘人與周圍來打，只用征東擊西之法，用副肘穴一開一門住出勢攔之，若來者擊之。

第十六步

拱肘殺步練訣

拱肘乃破勢傷人之殺步，但進門拱肘非獨出之勢，原輔著斷肘之威，斷肘一落舉拱肘，舉拱肘舉起變轉滾，左右俱可打得，再加上推板，必然取勝。

攔肘練勢法

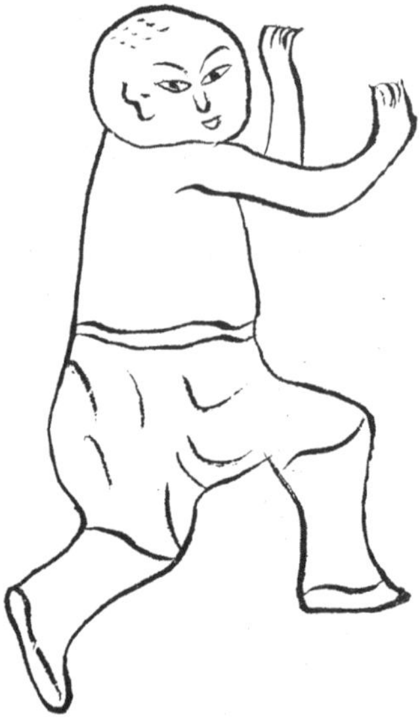

第十七步

攔肘係初出硬馬變出的步勢，我破馬，他人若用手來破，即返轉攔肘，一擱即用推板傷他，再趕上來，不拘斷肘滚肘加上，元（點校：疑為「無」字之誤）不取勝。

雙斷肘殺步

第十八步

雙斷肘殺步，乃進門破勢傷人之法。

此勢能破各樣拳頭及各色掌法與父子相催之拳、擒拿之手，上步要快，轉身下手努力，斷肘一落，受轉肩風而進。

推掌練步法

第十九步

推掌總在三十六步殺手之內，此推掌專破今古各樣之拳，但用之全靠後腳併腰門之力，出拳要為前之，直佊（點校：音ㄅㄧ，邪也，邪通斜）他不立住。

端掌殺步法

第二十步

端掌原以推掌同用之勢，推掌打落，伊附開，沉下返成端掌，登腰對吐一端，無不倒地。用時勿高勿低，方為中攔步勢。

第二十一步

側掌殺步法

側掌原係端掌變回用之，在鯅（點校：此字未在詞典中查到，造字待考）腮穴處，全用掌骨，雙手用力一合，傷了二三日不能飲食。

側掌要搶上腳步，側掌落了，西（點校：此字疑為「要」字之誤）防他復勢來打。

第二十二步

攔掌殺勢練法

推掌原是進門破勢硬馬腳色用之。

在命門膀胱之穴落手，風快趕進，使其不能相應。

第二十三步

飛掌練步法

飛掌之勢，乃練飛打、飛跳之法，是哄人進門來打。

他若來破，我即返轉殺手，或推板，或迎風，或鐵肩，皆可傷他也。

第二十四步

背掌練步法

背掌亦是哄步，乃搶其少牌下手，名為掛眉之法，變轉用斷肚防之。

他來搶手，用斷肚打他。

大坐內拳殺勢

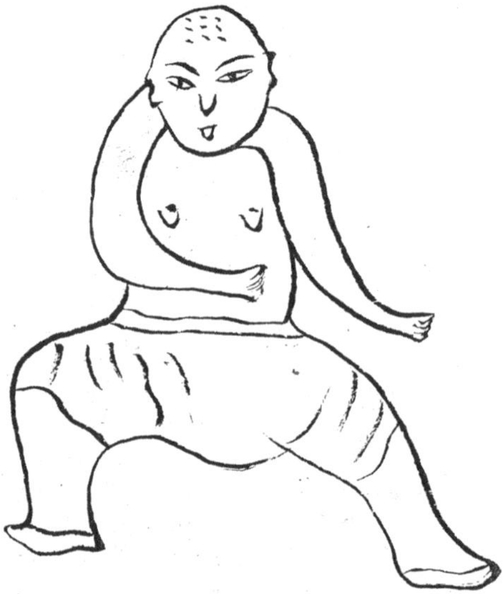

第二十五步

大坐勢乃各色腳步之主，大通進門、破勢、出手、上腳共四百七十二步，無一步不從大坐步勢變出。

況又係練腰門、腳門之訣，開步起腳，名為四併對領。

第二十六步

洗馬洪拳練法

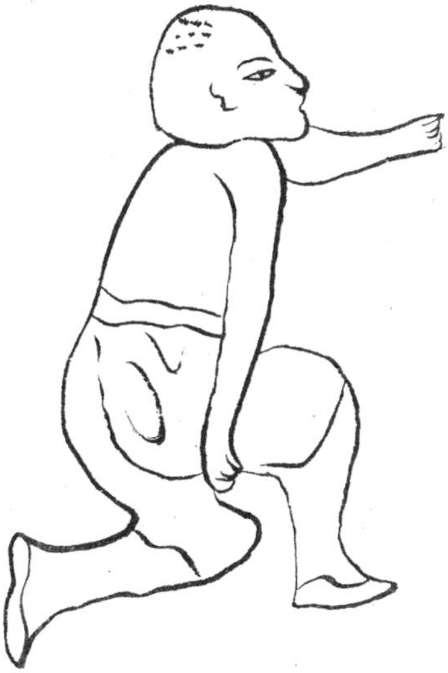

洗馬洪拳乃八門之拳首，但初步練馬併肘洪拳為主，防身之殺手，右手下者為洗馬，要過膝，原係破其勾拔之腳左出者，名為洪拳，又名燕心拳。

當頭炮練勢法

第二十七步

當頭炮係三十六步總勢內之殺手，但內中生門、死門、空門、掩門、小門俱要認清。放炮勢者，以八門俱以色藏在腹前，可以不把他人勢出手，用之無不取勝。

第二十八步

雀地龍練步法

雀地龍乃少林練飛跳之步勢，全要轉力快切，使人不覺。

攻進名為枯樹盤根，退步名為烏風勾子，起身擋住黑虎開手、五點枚（點校：此字疑為「梅」字之誤）花，進門硬勢八體，用出難防。

七星小勢訣

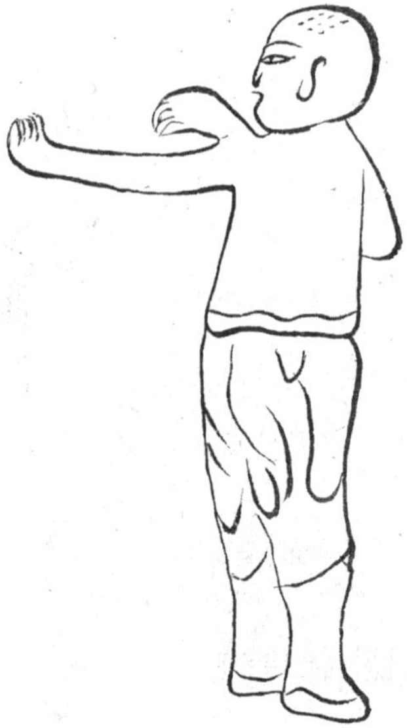

第二十九步

七星小勢乃賣門之法，轉身推板方便、斷肘俱金、進門扇風、鐵扇滾肘，各件皆能。

第三十步

倒騎龍名為返山勢

此一勢難破，比常不同。看時手腳最野，只轉燕心掌，易若破。人變回斷肘，連攻沖天炮，打進轉帶仰面肘，定難救。

顛翻腿練勢法

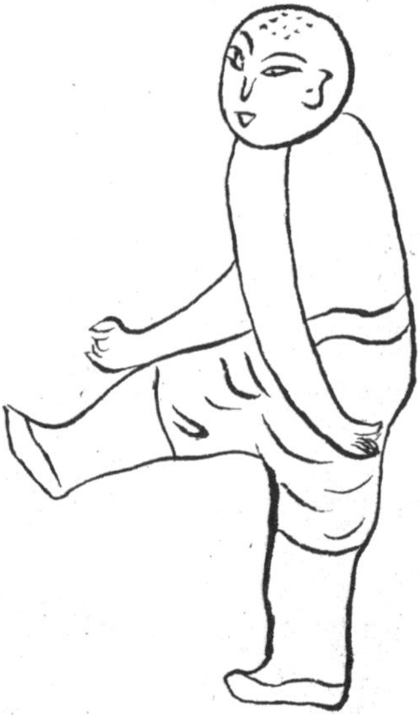

第三十一步

顛翻腿起腳，乃哄人神拳飛打之步勢，受轉即是燕卻水之勢，仔細細防二龍爭珠之手。

金雞獨立勢

第三十二步

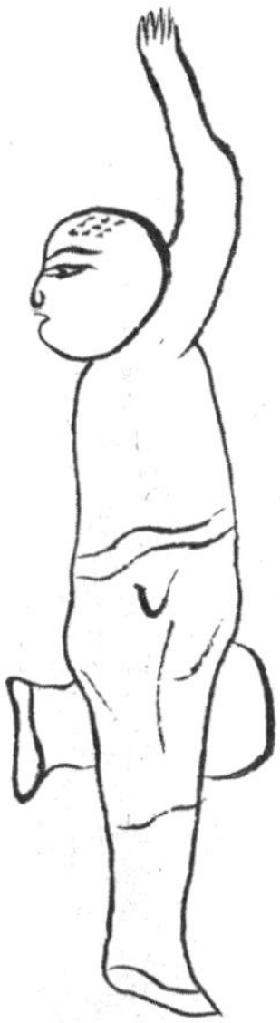

金雞獨立式難立直起，起腳最快，一偷後腳，前面潛腳一齊攻落，加上雙斷肘，一打即倒。

第三十三步

大門步練勢法

大門勢擺列八門，只空一生門，待他進來中吾之計。六通進門破，要死門進，生門出。今世之拳訣，不取死門進。

第三十四步

敖步單鞭練法

敖步單鞭，其勢左右著身子，倘人來破勢，用何手出？即用殺手打，名為王舉鼎。打完勢潛肘擒拿，神鬼不知，湊巧捉獲，難以脫之。

閉門練勢法

第三十五步

閉門練勢，交者乃合之原動者，即靜之機以打者，係練之猿脫者，乃曾之變，此種種之閉門少有知者。

此勢不但今世之拳難破，少林六通會救之勢亦難破矣。

第三十六步

小攢末步門

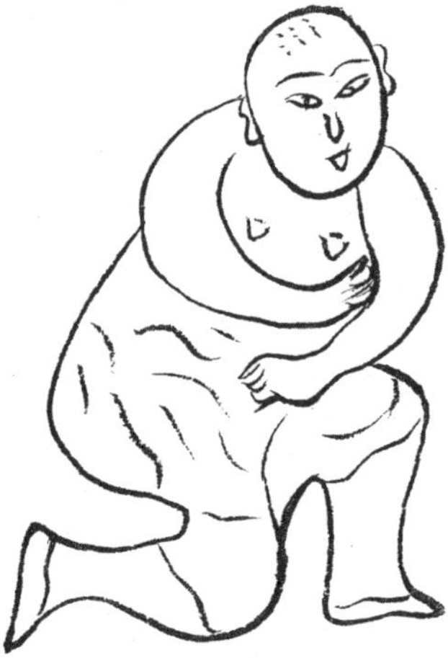

小攢秘法之勢，原靠著擒拿封蔽之倚脈，此步殺手總統一家，不但今之拳勢思想難破，少林四百七十二勢亦難破矣。

少林真傳

竊見今之古人，不過習了手把花拳，動則談天則論地，就說是知少林神打。

豈知六通步勢，斷無為學又亂傳之理，既不易學又不亂傳，此知者所以窐（點校：音ㄓㄨㄛ）罕也。

豈能起手動腳之人，即為學了神打乎？若果練過，試問少林在何府、何縣？拳步何步當先？若有多少名目？初步練法叫做何名？為八門。八門何名？何為四勾、四攢、四肩？何為元辰？安有學而忘其名者耶？其骨名者實甚。

蓋少林多有進去不得出來，任你拳棒精郭（點校：原文如此，疑原稿抄寫有誤，待考），難過木人巷，難救八門流星，難開四門沙袋，多少奇異，此少之打，所以難得也。

人有詳人之，蓋少林在河南登封縣，其長拳短打與常人不同，初步為硬馬，又有八門，八門迎風，鐵扇知肘，推板扇風，擒拿封蔽。此少林之總部，又有四勾、四拔、四扇風，乃八門返轉四下殺手傷人之步。

四勾四拔變出左右元辰，變出三十六步殺勢，又加上演砍進門、破門、傷門、生門、死門、空門、掩門、現門、雜門、大門、小門、側門，共四百七十二步打法。

今後卷初畫初步碼次，酉（點校：此字未識出，待考）八門總勢、元辰步數共三十六步。

總殺手之練法，俱有形象、架子、腳步，其餘未畫者，逐一注解明白在後，斯乃少林之傳，觀者毋（點校：此字疑為「務」字之誤）為視要，具學者宜潛心。

此江湖手勢與結死手法，不但學拳者要習其精，就不習拳步，認得此秘拳，亦有與多少妙用。

凡市井中有名望教師，又有不與之徒習過手把花拳，動與人查拳比勢，殊不未經名師。此等生死手比出，全然不知所以有害自身。

何為江湖手勢，其開拳比勢之時，二人必作一揖，若知者雙手合就大指頭仰起，此乃江湖手勢二家，絕不傷其和氣。

若必分一高低之意，再若用手包爺之手勢，此乃奮死之功，必不容情。

所以不習打者，俱要細玩其理風速，不知生死之徒，豈名師之秘訣？他就舉拳亂舞，多損其身。但此三宗手法盡有，謂名師無大益之處也，則得善道矣。

切背外人，不可亂傳，慎言謹言收藏。

民國元年壬子歲九月十二日筆

光燦賢契 惠存

許禹生先生著

少林十二式

褚民誼題

行乾賢契

惠存

著者肖像

序

拳術由來已久，至少林始集其成，鎔修心性壯身技擊舞蹈於一爐，故有虎、豹、蛇、鶴、龍五拳之創造。凡中國形而上學術中所具之剛柔捭闔虛實動靜無不包羅此五拳之中。

蓋人與人相接之學均不能超過此理也。惜後代繼起者，偏於肌肉骨力之運使，忽於氣功精神之鍛鍊，得其剛而失其柔，無水火相濟之功，無陰陽互變之妙，常予人一種不良印象，似乎非至剛不足稱為少林拳也。

故元末之紀，隱君子張三豐先生有見於此，從而翻之，顛倒原有次序，先柔而後剛，行氣運於始，以內壯為先，使學者不能半途而止，安于小成。蓋非繼之以剛不足以盡技擊之用也，及其成也，固無分軒輊。

吾同門許君禹生，既精武當，復工少林技能，融會所長，製為專書，以惠國人。近復本少林原有圖式，貫以武當練法，編成《少林十二式》一書，用作習國術者之基本功夫。內中均本科學精神，呼以口令，由淺入深，適合各門國術初步之用。

少林拳可用，武當拳亦可用，洵為初入國術門者，不可越級之練習書也，是為序。

中華民國二十三年九月南通維周　沈家楨

凡例

一、少林十二式，每式內均含有拳術基本姿勢。習者按式練習，自能穩固樁步，靈活肢體。

二、此書圖式詳明，學者依圖自行練習，自能強健身體。調和氣血，令弱者轉強，柔者安康，有醫療體操之價值。

三、體育家每謂拳術姿勢，概為全身運動，殊不盡然。茲體察每式主要部分，分記於後，以便教案者之採擇。

四、此書解釋務期明顯，適合高級小學、初級中學之教材。教授體操或國術者，均可採用。

舊。

五、書中用語，間有粗俚者，惟意有專指，未便更易，概仍其舊。

六、此書編撰時，由龐厚說明動作，舍侄小魯筆記，含甥郎晉墀繪圖。至辨正姿勢，商定說明，則有石君子壽、李君劍華、蘇君紹眉等，極資輔助。並書於此，用誌勿諼。

敘

內家祖述武當，外家祖述少林，學有淵源，方為探本。余幼喜修養之術，於《內經導引》、《華陀五禽》之書，靡所不讀，熊經鳥引，動諸關節，呼吸吐納，鍛鍊神氣，皆所以卻病延年，使人難老也。然其術流傳既久，難免失真，嗣得舊藏達摩初祖之《易筋經》讀之，其內壯養神氣，外壯練筋骨，並附有站功十二勢，每式皆有歌訣，頗具深意。習者不察，徒事皮相，模仿形式，而未悉其以心行氣，以氣運身之精意，甚可惜也。

余嘗謂人身係精神與肉身二者合成，鍛鍊方法，自應本身心合一，二者兼施之旨，方能有效，俾合於近代體育上之修養，使人人得完成其人格。前在北平創辦體育學校曾採為教材，尋復次其淺深，窺其用意，編為教程，用授學子，習者稱便，均謂此術不惟修養身心，且所具各式可為各派拳術之基本練習，習國術者首先習此，以為基礎，無論再習何種門類，均易進步。

方今中央提倡體育，教育部特設體育補習班於首都，召集全國體育專家研習其中，以事宣傳，而廣國術之推行，余不揣鄙陋，將所編之少林十二式列為國術初級課程，並貢獻拙著，以為講義，尚望海內賢豪進而教之，則幸甚矣。

時為中華二十二年夏敘於首都

燕北禹生許龗厚敘

緒　言

世之言拳術者，多宗少林，而少林之傳，始自達摩五祖，蓋于五代之季，來居此寺，見僧徒等雖日從事於明心見性之學（參禪靜坐以求明悟之類），然類皆精神萎靡，筋肉衰弱，每值說法入坐，既覺昏鈍不振，始于身心合一，性命雙修之意，尚未徹悟也，乃訓示徒眾曰：

「佛法雖外乎軀殼，然未瞭解此性，終不能先令靈魂與軀殼相離，是欲見性，必先強身，蓋軀殼強而後靈魂易悟也（雖係宗教家言，然與今世體育家所主張身心合一，精神與肉體同一鍛鍊之說吻合），果皆如眾生之志靡神昏，一入蒲團，睡魔既侵，則見性之功，矣諸何日，吾今為諸生先立一強身術，每日晨光熹微，同起而習之，必當日進而有功也。」

乃為徒眾立一練習法，其前後左右，不過十八勢而已，名十八羅漢手（見《少林拳術秘訣》）。後人變化增添，以作技藝，曰少林派。又嘗觀達摩祖師傳岳武穆之《內壯易筋經》，少林寺僧多傳習之。經分上下兩卷，有內外功之別，內功主靜，煉氣為主；外功主動，煉力為主。內功程序，計分五步。

㈠首積氣腹中，以為基礎。

㈡次鍛鍊前身胸肋各部，附骨筋膜（膜為包骨白色，筋層今名曰腱），使氣充盈胸腹兩脅。

㈢鍛鍊腰背脊骨筋膜，使氣盈脊骨。

㈣上體氣既用遍，深層筋膜騰起，乃導行四肢（先上肢後下肢。其鍛鍊各法，均載原經，茲不贅述）。

㈤內壯已成，方行外壯以增勇力。

下卷十二式，蓋鍛鍊外壯者也，與少林拳術之十八羅漢手大半相同，疑出一源。且十二式為原本所無，始少林寺僧好事者增入之耳，故乃名為少林十二式。

今以其原有圖式為主，而參以羅漢手中運動之意，兼採拳術之各種樁步，本體操教練之法，每式編做法數節，由淺入深，由簡而繁，視各式可合做者，則為連續之，以便教練。並為體察運動部分，主要骨骼精筋肉，分注於下，以明運動生理。就原有歌訣，闡明其義，以喚起學者之注意，復本其姿勢動作，以求應用之所在，用作習拳術者之初步云。

凡習此功者，應先排步直立，呼濁吸清，掙腰鼓肘（此乃足肘既膝也）凝神靜氣，端正姿勢，然後行之。行時務使動作與呼吸相應，久之則氣功增長，精神活潑，實為學拳術者成始成終之功夫，幸勿以其簡易而忽之也。

教練此法宜先依體操口令，令學生立正。次察看地勢，令全隊分成若干排，如分前後兩排，則於呼一二名數後，發前行向前幾步走之口令，次發單數或雙數向前幾步走之口令，總以行列疏整，手足動作互無妨礙為度。如教練直立勢，則立定後須呼腳尖靠攏之口令，然後動作。

此十二式，直立式居半，前數勢每勢只一動作，依體操規例可連續為之而成一段，以便教練。若單練一式時，則可先呼出式名，末字改呼數字，隨其動作而施口令。

第一式　屈臂平托式

原名韋馱獻杵第一式、取兩手當胸、平托一物，獻遞於人之意。亦名環拱式，又名上翼式，則因形態命名也。

【原文】
立身期正道，環拱手當胸，氣定神皆歡，心澄貌亦恭。

【解曰】
此為直立式之一。做此式時，須氣沉丹田，精神內斂，心澄志一，貌自恭敬，乃正身直立，做立正式，平屈兩臂，掌心向上，自脇下循脇徐徐上托，至胸前停頓，雙腕平直，屈肱內向，環拱胸前，故曰環拱手當胸也。本此義編作法四節如後。

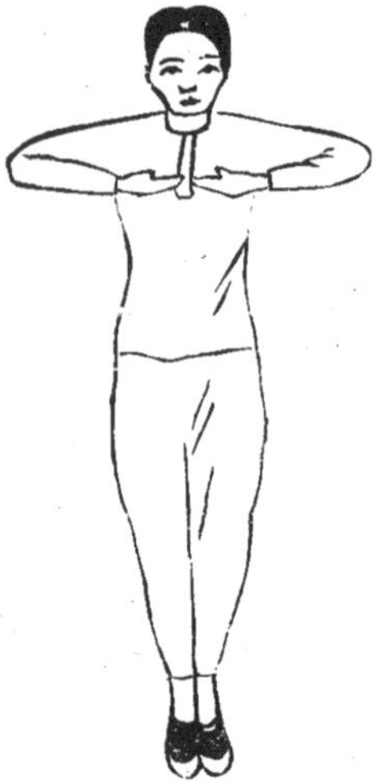
屈臂平托

兩手下按

【做法】

第一節　二動。㈠屈臂平托。㈡兩手下按。

㈠由預備式兩臂平屈，兩肘上提，使與肩平；同時兩手作掌，掌心向上，由兩脇下（軟肋處）順脇上托，指尖相對，經胸骨前至兩乳上停頓，指尖相對，兩眼平視。同時足踵提起。

㈡兩掌翻轉向下，至胸高處，分順兩脇下按，至胯傍停止，還原預備式。

第二節　四動。㈠屈臂平托。㈡橫掌前推。㈢屈臂平托。㈣兩手下按。

㈠屈臂平托與第一節㈠動同。

㈡兩掌翻轉向前（掌橫指對手心向前），伸臂平前推（腕骨與肩水平）。

㈢兩臂收回，復㈠之姿動勢。

㈣兩手下按與第一節㈡動同。

第三節　四動。㈠兩臂平屈。㈡兩臂平分。㈢屈臂平托。㈣兩手下按。

㈠由預備式兩肘上提與肩水平，同時平屈兩臂，掌心向下，指尖相對，經胸骨前，至兩乳上停頓。

㈡由上動作兩臂上膊骨不動，前膊骨順水平度分向左右平開，至成一直線為度。

㈢上膊骨不動，兩臂下屈，兩掌經胸骨前上托，至兩乳上停頓如第一節㈠動姿勢同。

㈣兩手下按，與第一節㈡動同。

第四節　六動。㈠兩臂平屈。㈡兩臂平分。㈢屈臂平托。㈣橫掌前推。㈤屈臂平托。㈥兩手下按。

㈠兩臂平屈，與第三節㈠動同。
㈡兩臂平分，與第三節㈡動同。
㈢兩臂平托，與第三節㈢動同。
㈣橫掌前推，與第二節㈡動同。
㈤兩臂屈回，復㈢之姿勢。
㈥兩手下按。與第一節㈡動同。

【運動部分】

此式為上肢運動及肩臂運動也，主要部分為肩胛骨、尺骨、橈骨及所屬筋肉。屈前臂時，為肘關節之屈曲，主動筋肉，為二頭膊橈骨筋、內膊筋。

平托時手掌外旋，則橈尺骨關節之後迴運動也，主動筋肉，為後迴筋、膊橈骨筋。翻掌前推時，則橈尺骨關節之前迴運動也，主動筋肉為迴前方筋，迴前圓筋。

【注意及矯正】

本式運動，曲臂平托時，宜鬆肩勿聳。橫掌前推時，兩臂宜伸直勿屈，肩肘腕三者水平，想其力由肩，而肘、而腕，以意導之，使運於指尖為度，兩手手指相對，掌心向前吐力。

兩臂平分時，臂宜伸直與肩水平，眼平視，頸項挺直，下頜骨內收，氣沉丹田（即小腹），精神專注，以心意作用，運動肢骨。故動作時，務宜徐緩，勿僅視為機械的運動也。

【治療】

此式可以矯正脖項前探、脊柱不正及上氣（呼吸粗迫）、精神不振等症，並可擴張胸部，堅定意志。

【應用】

本式橈尺骨運動，可練習太極拳之擠勁。腕之翻轉，可藉以練習擒拿法之捉腕、滾腕、盤肘等作用。

例如，人以兩手分握吾之雙腕，吾即以本式第二節做法，順其下擒之力，猛翻兩掌，向敵胸前推即解矣。

各節教練口令

第一節　屈臂平托數一、二。

第二節　屈臂平托前推數一、二、三、四。

第三節　兩臂平屈分托數一、二、三、四。

第四節　屈臂分托前推數一、二、三、四、五、六

第二式　兩手左右平托式

原名韋駝獻杵第二式。取兩臂自左右平舉，兩掌平托一物，獻遞於人之意。

【原文】足趾掛地，兩手平開，心平氣靜，目瞪口呆。

【解曰】做此式時，須先意氣和平，心無妄念，呼吸調靜，乃運動兩臂，徐徐自左右上托（**掌心向上**），以腕與肩平為度，足踵隨之提起，兩眼平視，閉口使呼吸之氣，由鼻孔出入。今本此義，編做法五節如後。

【做法】

第一節　二動。㈠兩臂左右平托。㈡兩臂還原。

㈠由立正式兩臂自左右向上平舉，俾與肩平，或較肩略同，掌心向上，同時兩踵隨之提起。

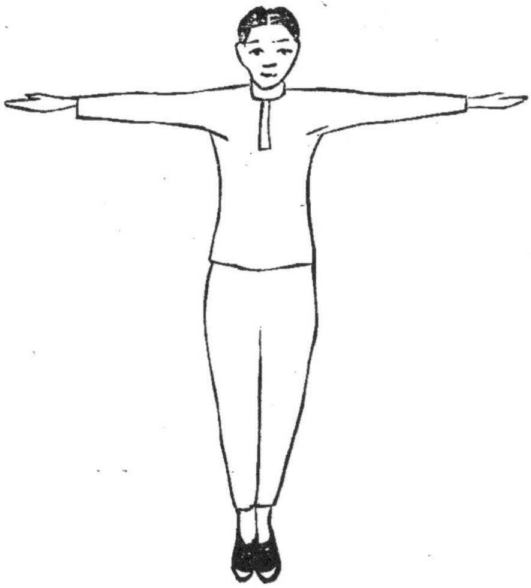
右平托式

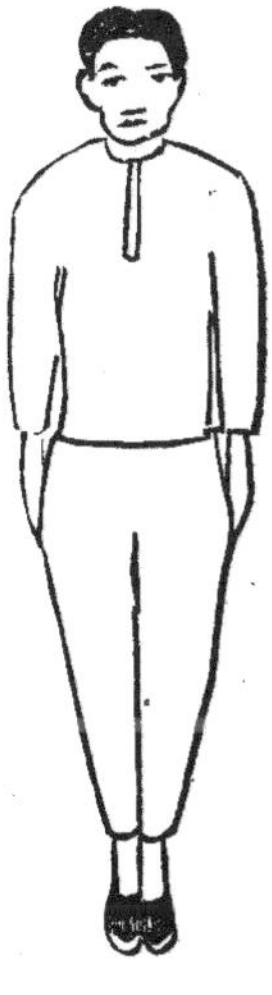
兩臂還原

㈡掌心下轉，兩臂徐徐下落，還原立正式。

第二節　三動。㈠兩臂前舉平托。㈡兩臂左右平分。㈢兩臂下落。

㈠由立正式兩足尖靠攏，兩臂垂直，由下用力向前平舉，與肩水平，掌心向上，若托物然。同時兩踵隨之提起。

㈡兩臂分向左右平開，至一直線，如本式第一節㈡動之姿勢。

㈢兩臂下落。還原立正式。

第三節　三動。㈠屈膝兩臂前舉平托。㈡直膝兩臂平開。㈢兩臂下落。

此節乃兼下肢運動之連續動作也，於伸臂前托時，同時兩膝前屈，餘均同前。

㈠兩臂自下向前平舉，掌心向上。同時兩膝前屈，膝蓋靠攏，足踵不可離地。

㈡兩臂分向左右平開，同時兩膝直立，足踵提起。

㈢兩臂徐徐下落，足踵亦隨之落地。

第四節　四動。㈠透步交叉。㈡兩臂平托。㈢兩臂還原。㈣併步立正。

㈠左足移至右足踵後方，做透步交叉式。

㈡兩臂自左右向上平托，兩踵提起。

㈢兩臂兩踵還原。

㈣左足併步還原立正。㈡㈡㈢㈣與㈠㈡㈢㈣式同，惟右步做透步式。

第五節四動。㈠透步前舉。㈡兩臂平分。㈢兩臂平落。㈣併步立正。

㈠左足移至右足踵後方做透步式。同時兩臂自下向上平托。

㈡兩臂分向左右平開。

㈢兩臂下落，兩踵還原。

㈣左足併步還原立正。㈡㈡㈢㈣與㈠㈡㈢㈣式同，惟右足做透步式。

【運動部分】

此式為上肢與下肢運動也，運動主要部分為旋肩胛骨之前後軸，及尺骨肘頭骨。

其主要筋肉，左右平托起落時，為三角筋、棘上筋、橈骨筋、小圓筋，平開時兼大胸筋之運動。

前舉平托時，為旋肩胛關節之運動，主要筋肉，更有二頭胸筋及烏嘴轉筋。

足踵提起時，即以足支持體重，放下時使足踵關節伸展也，其主要筋肉，為後脛骨筋、比目魚筋、長足筋、腓腸筋等。

【注意及矯正】

做此式時，兩臂平直，身勿欹，側脊骨中正，以頭頂領起全身，腿部尤須著力，足踵起落時，慎勿牽制動搖，及猛以足踵頓地，震傷腦筋。各動作均宜徐徐提起，緩緩而落，以意導力，達於十指，隱覺熱氣下貫，方為得益。分托平托時，注意掌心平開時，宜與肩平，鬆肩。臂下落時，宜徐徐下落，如隨地心吸引力，自然下落，則氣達指尖矣。

【治療】

此式舒展胸膈，發育肺量，治胸臆漲滿不寧及呼吸促迫等症。

【應用】

平開式，練習太極拳之胸靠。前托式之用，如敵出雙手迎面擊來，我蹲身從下用雙手平托其兩肘前送，敵即迎面倒去。或敵以兩拳做雙風貫耳式，從兩側攻頭部，我則進身以兩手由內分格敵腕部或臑部，從而擊之也。

教練口令

第一節　兩臂左右平托數一、二。

第二節　兩臂前舉分托數一、二、三。

第三節　屈膝前舉分托數一、二、三。
第四節　透步左右平托數一、二、三、四、二、二、三、四。
第五節　透步前舉分托數一、二、三、四、二、二、三、四。

第三式　雙手上托式

原名韋馱獻杵第三式。取兩手舉物過頂，敬獻於人之意。一名，手托天式。

【原文】

掌托天門目上觀，足尖著地立身端，力周骸脇渾如植，咬緊牙關不放寬，舌可生津將齶抵，鼻可調息覺安全，兩拳緩緩收回處，用力還將挾重看。

【解曰】

此亦為直立式。直身而立，足尖著地，兩臂由左右高舉，兩手反轉上托，掌心向上，若托物然，及托至頂上，兩臂伸舒，兩手指尖相對，目上視，閉口舌抵上齶，氣從鼻孔出入，呼吸調勻。足踵提起，力由腿部而上，周於兩脇，復運腋力順兩臂貫注掌心，運於指端，始緩緩落下，還立正式（**原文收回時作拳，此仍作掌**）。本此義編做法四節如後。

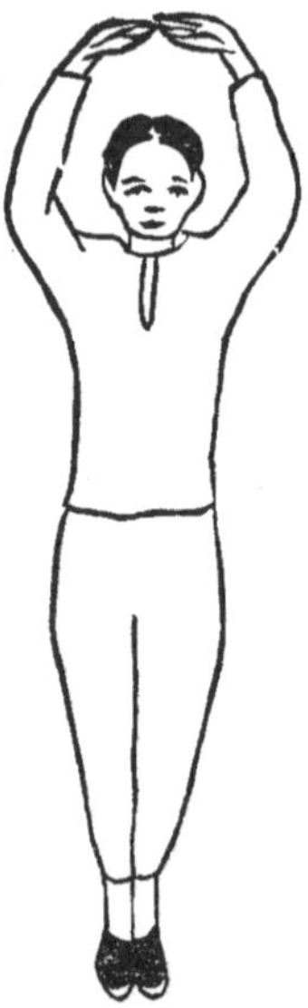

雙手上拖式

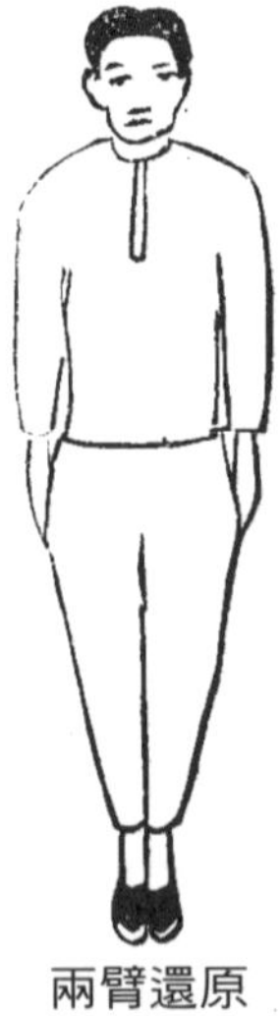

兩臂還原

【做法】

第一節　二動。㈠兩臂高舉。㈡兩臂下落。

㈠由立正式，兩臂由左右向上高舉至頭上，兩手上托，掌心向上，十指相對，目上視。同時兩踵提起。

㈡兩臂下落，還原立定式，足踵亦隨之下落。

第二節　四動。㈠屈臂平托。㈡兩臂平分。㈢兩臂高舉。㈣兩臂下落。

㈠屈臂平托，與第一式第一節㈠動同。

㈡兩臂平分，與第一式第三節㈡動同。

㈢兩臂高舉，與本式第一節㈠動同。

㈣兩臂落下，還原立正式。

臂下按。

第三節　四動。㈠前舉平托。㈡兩臂平分。㈢兩臂高舉。㈣兩臂下按。

㈠兩臂前舉平托，與第二式第二節㈠動同。

㈡兩臂平分，與第一式第二節㈡動同。

㈢兩臂高舉，與本式第一節㈠動同。

㈣兩臂下按，與第一式第一節㈡動同。

第四節　四動。㈠交叉屈臂。㈡兩臂平分。㈢兩臂高舉。㈣兩臂下按。

㈠由立正式，右足外撇，左足移至於右足後方，足尖與右足尖相對，兩足踵與兩足尖均在一直線上，兩膝微屈，做交叉步，同時兩臂平屈。

㈡兩臂平分。

㈢兩臂高舉。

㈣兩臂下落，同時左足還原立定式。㈠㈡㈢㈣與㈠㈡㈢㈣式同，惟右足行之。

【運動部分】

此式為全身運動，其注意之點為肩腕及足脛。兩臂上托上時，運動肩胛關節及肩胛帶，主動筋肉為前大鋸筋、僧帽筋、棘上筋等。下落時，主動筋肉為棘上筋、十圓筋、大胸筋等。

【注意及矯正】

兩臂高舉時，兩臂伸直勿屈，掌心向上，用力上托，目上視，兩肩鬆勿上聳。得踵時，力由尾閭骨循脊骨上升，運於頂上。下按時，氣沉丹田。行之日久，則身體自強矣。

【治療】

調理三焦及消化系諸疾，如吞酸、吐酸、胃脘停滯、中氣不舒、腸胃不化等疾。

【應用】

增加舉物之力，可以練習太極拳中白鶴晾翅式、提手上式。

教練口令

第一節　雙手上托數一、二。

第二節　屈臂平分上托數一、二、三、四。

第三節　前舉平分上托下按數一、二、三、四。

第四節　交叉屈臂平分上托數一、二、三、四、二、二、三、四。

第四式　單臂上托式

原名摘星換斗式，一名朝天直舉，又名指天踏地、即八段錦中單舉式也。一手朝上托，若摘星斗，兩手互換為之，故名。

【原文】

隻手托天掌覆頭，更從掌內注雙眸，鼻端吸氣頻調息，用力收回左右侔。

【解曰】

此亦為直立式，上肢之運動也。以隻手作掌，由側面向上高舉，掌心向上托，覆於頂上，目標上視，鼻端吸氣。臂下落時，氣向外呼。左右互換。令本此義，編做法五節如後。

【做法】

第一節　四動。㈠左臂上托右臂後屈。㈡兩臂還原。㈢右臂上托左臂後屈。㈣兩臂還原。

㈠由立正式，左臂自左側向上高舉上托，掌心向上，指尖向右，頭仰視手背，體隨之半面向左轉，同時右臂後迴，屈肱橫置腰間，掌心向外，以手背附於左腎，支住上體後仰之力。

㈡兩臂放下，還原立正式。

左臂上拖

右臂上托

㈢右臂自右側向上高舉，左臂後迴，上體半面向右轉，與第㈠動同。

㈣兩臂放下，還原立正式。

第二節　二動。㈠左臂上托，右臂後屈。㈡右臂上托，左臂後屈，停動兩臂放下。

㈠左臂自左側高舉上托，同時右臂後屈。

㈡右臂自右側高舉上托，同時左臂後屈。左右互換，連續為之。（還原）兩臂放下，還原立正式。

第三節　左右各四動。㈠左臂平托，右臂後屈。㈡左臂平分。㈢左臂上托。㈣兩臂放下。

㈠左臂自下向上屈臂平托，至胸骨前為止，掌心向上；同時右臂後迴，屈肱橫置腰間。

㈡右臂不動，左臂自胸產前向左平分與肩平為止，目視左手。

㈢左式上托，與本式第一節㈠動同。

㈣兩臂下落還原立正式。㈡㈡㈢㈣與㈠㈡㈢㈣同，惟右臂行之。

第四節左右各五動。㈠左臂平托，右臂後屈。㈡左臂平分。㈢左臂上托。㈣左臂下按，上體前屈，㈤上體還原。

㈠與本式第三節㈠動同。

㈡與第三節㈡動同。

㈢與第三節㈢動同。

㈣左臂下落。掌心向下，經面前，沿右肩，經胯旁，循腿下按，以掌心按地為止。同時，上體向左前方深屈。

㈤上體直立，左掌經過足趾前收回，兩臂垂直，還原立正式。

㈠㈡㈢㈣㈤與㈠㈡㈢㈣㈤同，惟右臂行之。

第五節　左右各四動。㈠透左步左臂平托，右臂後屈。㈡左臂平分。㈢上體左後轉，左臂上托。㈣兩臂還原。

㈠左足移至右足踵後方，做透步式。同時左臂平托，右臂後屈。

㈡左足不動，左臂平分。

㈢上體左轉後，兩足靠攏。同時左臂隨上體後轉高舉上托。

㈣兩臂落下。

①右足移至左足踵後方，做透步式，同時右臂平托，左臂後屈。

②右足不動，右臂平分。

③上體右轉後，兩足靠攏，同時右臂隨上體後轉，高舉上托。

④兩臂下落。

【運動部分】

此式為上肢、頭部、腰部及下肢之運動也。臂上托時，為肩胛關節及肩胛帶之運動，主要筋肉。為大鋸筋、僧帽筋、三角筋、棘上筋。臂後屈為肘關節之運動，主動筋肉為二頭膊筋、膊橈骨筋、內膊筋。頭後屈，目上視，為頭關節前後軸及橫軸之運動，主要筋肉為後大小直頭筋、上斜頭筋、頭夾板筋、頭長筋、頭半棘筋。

上體側轉，為腰部筋肉運動，凡斷裂筋、旋背筋及其他腹筋，均受其影響。上體前屈，脊柱前屈也，腰椎部所屈最多，小腰筋、直腹筋、腸腰筋，均為其主要筋肉。透步交叉，均為運動下肢筋肉。

由此觀之，此單臂運動，倘運動得宜，則十二節運動，可以普及，較體操之雙臂齊出之動作，至為有效也。

【注意及矯正】

屈臂平托時，目宜視前方。臂平分時，目宜隨之旋轉。上托時則仰首注視掌背；臂下落則還原正視。上體左右旋轉，兩腿仍直立勿動，臂後屈手宜支柱腰腎，其手背貼附之力，須與上托之臂相應。步交叉時，上體宜直立勿前傾。

【治療】

調理脾胃及腰腎諸疾。

【應用】

練習拳術中領托諸勁，轉身透步各法，為靈活肩腰及下肢，使之有屈伸力。

教練口令

第一節　單臂上托數一、二、三、四。

第二節　單臂互換上托數一、二。

第三節　單臂平分上托數一、二、三、四、二、二、三、四。

第四節　單臂平分上托下按數一、二、三、四、二、二、三、四。

第五節　透步轉身上托數一、二、三、四、二、二、三、四。

第五節　雙推手式

原名出爪亮翅式。兩手作掌前推，如鳥之出爪，由後運臂向左右分展，如鳥之亮翅也，乃合十八手中之排山運掌及黑虎伸腰二式為一式而施運動者也。

形意中之虎形、八卦之雙撞掌、太極拳之如封似閉、岳式運拳之掌駝式，蓋均取法於此。

岳武穆平生以善雙推手得名，言少林拳術者，每稱之為鼻祖，故取以名。此式云：五禽經之虎鳥二形，亦與此相近。

【原文】

挺身兼怒目，推手向當前，用力收回處，功須七次全。

【解曰】

挺者，直也。挺身者身體挺直之謂也。當前者，向胸前正面也。挺身而立，目前視，兩手做掌，向前雙推，然後用力握拳收回。原文未含亮翅動作意，今本其意，參以十八手中二三兩式，分節編做法六節如後。

【做法】

第一節　二動。㈠立正抱肘。㈡兩手前推。

㈠由立正式，兩臂屈，兩手握拳，手心向上，分至兩脇下，做抱肘式，目平視。

㈡兩拳變掌，徐徐向前平推與肩齊，手心向前。

㈢兩掌上翻，手心向上，握拳屈回，仍還抱肘式。

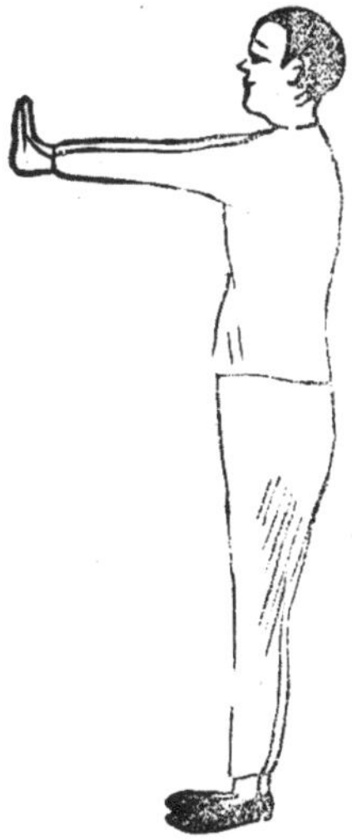

兩手前推式

兩手分推式

㈣兩手仍向前推，如此反覆行之，停動。兩臂放下，還原立正式。

第二節　二動。㈠立正抱肘。㈡開步前推。

㈠與本式第一節㈠動同。

㈡兩掌向前平推，同時左足前進一步，屈膝做左弓箭步式。
㈢兩拳上翻，手心向上，仍握掌，兩臂屈回，還原抱肘式。
㈣與㈡動同，惟右足前進。停動，右足收回，兩臂放下，還原立正式。

第三節　四動。㈠立正抱肘。㈡開步蹲身前推。㈢還原抱肘。㈣兩臂放下。

㈠與本式第一節㈠動同。
㈡兩掌向前平推，同時左足側出一步，屈膝作騎馬式，上體仍直立勿動。
㈢兩臂屈回，兩膝伸直，右足靠攏，還原抱肘式。
㈣兩臂放下。㈡㈡㈢㈣與㈠㈡㈢㈣式同，惟右足側出。

第四節　四動。㈠開步抱肘。㈡轉身推掌。㈢還原抱肘。㈣併步立正。

㈠屈臂做抱肘式，同時右足側出一步。

㈡上體向左轉，屈左膝做左弓箭步。同時兩掌向前平推，做轉身推掌式。

㈢兩臂屈回，上體向右轉，還原開步抱肘式。

㈣右足收回靠攏，兩臂放下，還原立正式。㈡㈡㈢㈣與㈠㈡㈢㈣式同，惟右足側出，兩掌前推耳。

第五節　四動。㈠立正抱肘。㈡開步前推。㈢探身分推。㈣還原立正式。

㈠與本式第一節㈠動同。

㈡開步前推，與本式第二節動同。

㈢上體微向前探，同時兩掌分向左右平推與肩平，手指向上，掌心吐力。

㈣兩臂放下，左腿亦收回還原立正式。㈠㈡㈢㈣與㈠㈡㈢㈣同，惟右足前進耳。

【運動部分】

此式為上肢、下肢等運動。前推時，主要筋肉為二頭膊筋、烏嘴膊筋。

分推時，為三角筋、棘上筋、橈骨筋及大胸筋。足前進屈膝，主要筋肉為半膜樣筋、二頭骨筋、薄骨筋、縫匠筋等。

【注意及矯正】

前推時，手腕宜與肩平，手指挺直勿屈。分推時，臂宜伸直，掌心吐力，上體前探，不宜過屈。膝前屈時，後足足踵不可離地。

【治療】

此式分推時，可舒展胸膈，發育肺量，治胸臆脹滿等症。

【應用】

可以練習八卦拳中之雙撞掌，太極拳之如封似閉，岳式連拳之掌舵式等。

教練口令

第一節　兩拳前推數一、二。

第二節　進步前推數一、二。

第三節　蹲身前推數一、二、三、四、二、二、三、四。
第四節　開步左右推掌數一、二、三、四、二、二、三、四。
第五節　進步分推數一、二、三、四、二、二、三、四。

第六式　膝臂左右屈伸式

原名倒拽九牛尾式，取周身用力後拽狀，若執牛尾者然，一名迴身掌式。

【原文】
兩腿後伸前屈，小腹運氣空鬆，用力在於兩膀，觀拳須注雙瞳。
【解曰】
由立正式，兩足分開，右（左）腿屈膝，左（右）腿伸直，做蹬弓式樁步，同時右（左）臂亦向右（左）側方伸出，仰手攏五指做猴拳。肱略屈，左（右）臂背手，向左（右）後伸，仰手攏五指做猴拳，臂膀用力，氣沉丹田，兩眼注視前拳，本此義編做法三如後。

【做法】

第一節　四動。㈠開步兩臂側舉。㈡兩臂前後屈伸。㈢還原側舉。㈣兩臂前後屈伸。

㈠，由立正式，左足側出一步，兩膝屈做騎馬式樁步。同時兩臂左右側舉，俾與肩平，兩手做掌，掌心向下，目視前。

㈡左足尖扭轉外移，左膝前弓；右足尖內扣，右腿伸直，做左弓箭步樁。同時上體向左轉，左臂屈肱，肘彎外應成鈍角，左掌五

兩臂側舉

左轉膝臂屈伸

指攏撮作鉤形，屈腕向上，掌指均對鼻端，右臂微下垂，彎轉身後，右掌亦做鉤形，背手向上，目視左手。

㈢兩膝仍屈，還原騎馬式。同時兩臂伸直。復㈠之姿勢。

㈣上體右轉，右膝前屈，左腿伸直。右臂屈肱，左臂在後伸直，兩掌作鉤形，目視右手。（還原）兩臂放下，兩足併齊，還原立正式。

第二節　二動。㈠左轉膝臂屈伸。㈡右轉膝臂屈伸。

㈠由立正式，上體左轉，左足側出一步，屈膝前弓，右腿在後伸直。左臂側舉，屈肱向上，右臂後伸，兩手做鉤，與本式第一節㈡動同。

㈡右臂自右下方旋至上方，屈肱做鉤，同時身向右轉，成右弓箭步，左臂下轉做鉤，目視右手。（還原）與第一節相同。

第三節　三動。㈠左轉膝臂屈伸。㈡護肩掌。㈢開步推掌。

㈠與本式第二節㈠動同。

㈡左足收回平步，足尖點地，貼右足踵側，右膝亦屈，做左丁虛步樁。同時左臂屈回，左鉤變掌，置於右肩前，做護肩掌式。

㈢左腿復前進半步，左膝還原左弓箭步樁。同時左掌向前推出與肩平，坐腕立掌，五指向上，右手仍在後作鉤形。

①與本式第二節㈡動同。

②右足收回，做右丁虛步，右臂屈回，右鉤變掌，置於左肩前，做護肩掌式。

③右腿前進，仍還原右弓箭步，右掌向前平推，做開步推掌式。（還原）同上。

【運動部分】

此式亦上肢及下肢運動也。兩臂側舉，其主要部分，為旋肩胛關節。屈肘為肘頭關節。

側舉時，主要筋肉為三角筋、棘上筋、橈骨筋、小圓筋。屈肘時為二頭膊橈骨筋、內膊筋。手腕屈伸、其主要筋肉為內橈骨筋、內尺骨筋、淺屈指筋等。

【注意及矯正】

兩臂側舉，宜與肩平，兩肩勿聳起，上體宜直立，足側出做騎馬步時，兩足尖均應向同一的方向。

做弓箭步時，踏出之腿，盡力屈膝，但不可過足尖，後腿盡力伸直，足踵不可離地。

【治療】

可以治療腿臂屈伸不靈活諸病。

【應用】

可以練習拳術之騎馬式，弓箭步等樁步。

教練口令

第一節　膝臂屈伸數一、二、三、四、二、二、三、四。

第二節　膝臂屈伸互換數一、二、三、四、二、二、三、四。

第三節　膝臂屈伸護肩數一、二、三、四、二、二、三、四。

第七式　屈臂抱頷式

一名九鬼拔馬刀式。蓋因馬刀甚長，非自背後拔刀，不能出鞘，此乃放其形式而為動作者。又即導引術之鴟顧，頭向左右顧視如鴟也。

【原文】

側身彎肱，抱項及頸，自頭收回，弗嫌力猛，左右相輪，身直氣靜。

【解曰】

此亦為直立姿勢，側身而立，頭向左右顧視，左（右）臂自頭側方高舉，向對方屈肱，以左（右）手搬抱下頜骨，同時右（左）臂屈肱後迴，橫置腰間。下肢直立勿動，呼吸調均，心定氣靜。左右互換為之。今本此意，編做法三節如後。

【做法】

第一節　四動。㈠兩臂平舉。㈡屈左臂抱頜，右臂後迴。㈢原還平舉。㈣屈左臂抱頜，左臂後回。

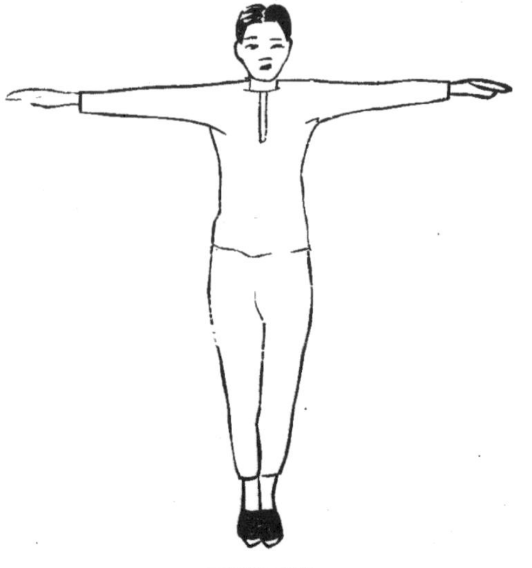

兩臂平舉

屈臂抱頷

㈠由立正式，兩臂自左右向上平舉，與肩水平，掌心向下。

㈡頭向左顧，頸向左屈。左臂向對方屈肘於頭後，以左手手指搬抱下頷骨，同時右臂屈肘後迴，橫置腰間，掌心向外，下肢均直立勿動。

㈢兩臂還原側舉，頭亦直立。

㈣頭向左顧，頸向右屈，右臂高舉，向對方屈肘於頭後，以右手手指搬抱下頷骨，同時左臂屈肘後迴，橫置腰間，掌心向外，如此左右互換為之。（還原）兩臂放下，還原立正式，頭恢復直立。

第二節　二動。㈠屈左臂抱頷。㈡屈右臂抱頷。

㈠由立正式，頭向右顧，頸向左屈，左臂高舉，向對方屈肘，以左手搬抱下頷骨，同時右臂屈肘後迴，與本式第一節㈡動同。

㈡頭向右顧，頸向左屈，右臂高舉，向對方屈肘，以右手搬抱下頷骨，同時左臂下落，屈肘後回，與本式第一節㈣動同。如此左右互換為之。（還原）同第一節。

第三節　二動。㈠右臂側舉，上體向左屈。㈡左臂側舉，上體向右屈。

㈠由立正式，上體向左屈，左臂自側方向上高舉於頭上，微向左屈，右手小指、無名指與拇指攏合一處，其餘二指伸直，隨身向左下方指，同時左臂屈肘後回，橫置腰間，眼下視左足踵。

㈡上體向右屈，左臂自下高舉於頭側，微向右屈，右手小指、無名指與拇指攏合一處，其餘二指隨身向右下側指，同時右臂屈肘後迴，橫置腰間，眼下視右足踵。如此左右互換為之。（還原）同上。

【運動部分】

此式為頭部、上肢及腰部運動。頭側屈，為頭關節前後軸及橫軸之運動，主要筋肉為大後直頭筋、小後直頭筋、上斜筋、夾板筋、頭長筋、頭半棘筋等。

臂側舉時，其主要筋肉為三角筋、棘上筋、橈骨筋、小圓筋。臂上舉屈肘時，為肩胛關節及肘關節之運動，主要筋肉為前大鋸筋、僧帽筋、二頭膊筋、膊橈骨筋、內膊骨筋等。體向左右屈，為脊柱側屈，兩傍筋肉交互動作，主要筋肉為薦骨脊柱筋、橫棘筋，方形腰筋、外斜腹筋等。

【注意及矯正】

頭側屈時，勿前俯後仰，頷勿前突，肩勿上聳。側身時，以脊椎為樞紐，左右轉動為之，上身挺直。

腰側屈時，下肢直立勿動。

【治療】

矯正勃項前探及脊柱不正等癖，並療治頭目不清（腦充血）、勃項痠酸、脊背疼痛諸病。

【應用】

練習帖身背靠及刀術之纏頭、拳術中進身鑽打等。

教練口令

第一節　屈臂抱領數一、二、三、四。

第二節　屈臂抱領互換數一、二。

第三節　上體向左右屈數一、二。

第八式　掌膝起落式

一名三盤落地式，取肩肘膝三部均圓滿如環之意。

【原文】

上顎堅撐舌，張眸意注牙，足開蹲似踞，手按猛如掌，兩掌翻齊起，千觔重有加，瞪睛兼閉口，起立足無斜。

【解曰】

兩腿下蹲，足尖落地，作騎乘式之八字樁，兩臂垂張，如鳥之兩翼，手掌分按兩膝上（掌心約離膝三四寸）。復挺身起立，屈臂用力，翻轉兩掌上托（掌心向上），掌鋒貼至兩肋下（屈肘尖向後）。足尖勿動，閉口舌抵上齶，目向前平視。本此義編做法二節如後。

【做法】

第一節　二動。㈠開步屈肘。㈡屈膝下按。

㈠由立正式，左足向左踏出一步，兩足尖外撇，成八字形。同時兩臂於兩肋旁，兩手做掌，掌心向上。

㈡兩踵提起，兩膝半屈。同時兩臂下伸伸直，手腕下轉，掌向心下，十指伸直，做屈膝下按式，眼平視前方。

開步屈肘

屈膝下按

①兩膝伸直，兩踵落地（習熟後不落），兩臂屈回，還原開步屈肘式。

②再舉踵屈膝下按，如此反覆行之。（還原）

①兩膝伸直，兩踵落地，兩臂屈回，還原開步屈肘。

②左足靠攏，兩臂放下，還原立正式。

第二節　四動。㈠開步屈肘。㈡兩膝深屈，兩臂下伸。㈢兩臂上舉，體向後屈。㈣兩臂放下，還原立正。

㈠開步屈肘，與本式第一節㈠動同。

㈡兩踵舉起，兩膝深屈，同時舒展兩臂，由兩肋旁經小腹、腿襠前，坐身兩臂向下伸直，手腕下轉，掌心向內，上體仍直立勿動，眼平視。

㈢兩臂向上高舉，俟舉上時，上體微向後屈，同時兩手折腕向後。此時兩膝仍屈，兩臂仍舉勿落。

㈣兩臂由左右下落，上體還原直立，兩腿伸直，兩踵落地，左足靠攏，還原立正式。如此反覆行之。

【運動部分】

此式為全身運動。屈肘時，為肘關節之運動，主動筋肉為小圓筋、棘下筋、三角筋等。兩手下按，主動筋肉為小肘筋、三頭膊筋。

兩臂上舉，為肩胛關節及肩胛帶之運動，主動筋肉為薦骨脊柱筋、橫棘筋等。

屈膝時為膝關節運動，主動筋肉為半腱樣筋、二頭股筋、薄骨筋、縫匠筋。

膝伸直時，為四頭骨筋、廣筋膜張筋。

足踵起落，為腓腸筋、比目魚筋、屈蹠筋、長腓骨筋、後屈骨筋、長屈趾筋、短腓骨筋。

【注意及矯正】

第一節做法，身之起落，以兩掌翻落為牽動，以雙膝屈伸為樞紐，向上時頭頂虛懸，領起全身。下蹲時，尾閭下降，使氣沉丹田，足踵則始終提起（**趾尖著地**），慎勿游移牽動。上體雙手隨身起而上翻，降而下按，掌心務極用力（**全身重力寄於掌心**），貫注與呼吸相應（**即起時吸氣，降時呼氣**）。上提時，全脊椎骨直豎；下降時胸骨內含，首項勿向前突出。第二節做法，身體後仰時，兩腿宜仍蹲踞，庶免重點移出身外，致仰倒也。

【治療】

治兩足無力，胸膈不舒，氣不下降諸疾。

【應用】

久練此式，可使人身體輕健，下肢筋肉發達，以強健脛骨，且增膝掌腰脊各部之力。

練田徑賽之跳高跳遠者，尤必習之。第一節練習拳術中上托下按力。第二節做法，後仰時可發展胸肋筋肉；下蹲時，並練習太極拳中海底針下蹲之力。

教練口令

第一節　掌膝起落數一、二。

第二節 兩臂下伸上舉數一、二、三、四。

第九式 左右推掌式

一名青龍探爪。

【原文】

青龍探爪，左從右出，修士效之，掌平氣實，力周肩背，圍收過膝，兩目注平，息調心謐。

【解曰】

此亦為直立式，係以右臂前伸，右手做掌，由右腋下圈轉向左伸出，掌心平向前推，連肩背力送之。右臂下落收回，須經過雙膝之前，再以左臂向右伸出，掌心平向前推，肩背力送之。然後左臂下落，須經過雙膝之前，兩目平視，呼吸調均，心自安寧。本此編義做法二節如後。

【做法】

第一節　四動。㈠立正抱肘。㈡右掌左推。㈢還原抱肘。㈣左掌右推。

㈠由立正式，兩臂上屈，做抱肘式，與第五式第㈠動同。

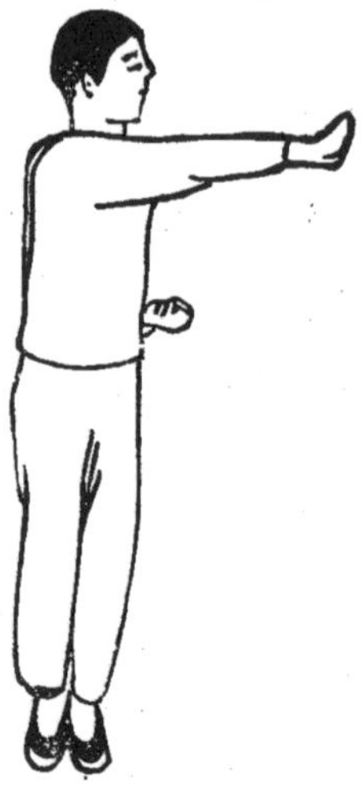

右掌左推

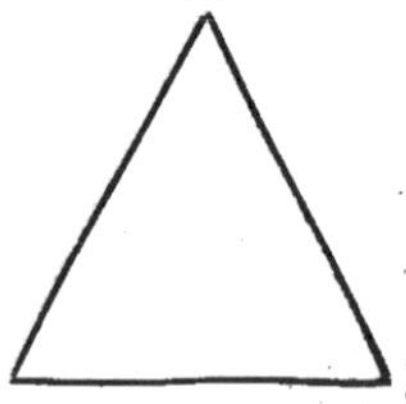

㈡上體與頭略向左轉，右臂向左伸，右拳變掌，向左推出，手指向上，掌心向外，高與眉齊，左臂仍屈肘勿動，目視右掌，下肢勿動。

㈢左臂屈回，還原抱肘，上體與頭，亦復原狀。

㈣上體與頭略向右轉，右臂向右伸，左拳變掌，向右推出，手指向上，掌心向外，高與眉齊，右臂仍屈肘勿動，目視左拳，下肢勿動。如此反覆行之。（還原）。

自本節數至㈣時。①左臂屈回，還原抱肘。②兩臂放下，還原立正。

第二節　二動

㈠開步穿手。㈡進步放掌。

此式所行之步，為三角形，設底邊一角為甲，一角為乙，兩項角為丙，練習此式時：

㈠由立正式，左足側出一步（兩足距離與肩平）。所站之地，設為甲角，則右足之所站地為乙角。同時左臂自下向上平舉，左手為掌，掌心向右，同時右臂亦舉起，屈肘舉至左臂旁，右手掌心向內，與左肘接近，手指向上。

㈡右腿向前移動一步，所站之地，為頂角丙，兩膝屈做丁虛步樁。同時右臂順左臂向前穿出伸直，手腕外轉向前推，掌心吐力，但左臂不動，僅可順右肘之勢下沉，萬不可抽回，兩臂垂肩隧肘，立掌坐腕開虎口，兩手食指約對鼻準，兩掌心相印，若抱物然。

㈢右足後退一步，仍退至原所站之地（乙角），兩腿伸直。同時右臂不動，左臂屈肘，移於右臂旁，左手掌心向內，與左肘接近，手指和上。

㈣左腿前進一步，所站之地，為頂角丙，兩膝屈做丁虛步樁。同時左臂順右臂向前穿出一直，手腕外轉向前推，掌心吐力，但右臂不動，僅可順左肘之勢下沉，萬不可抽回。兩臂隧肩垂肘，立掌坐腕開虎口，兩手食指約對鼻準，兩掌心相印，若抱物然。（還原）練至此式㈣時，兩臂放下，左足靠攏，還原立正。

【運動部分】

此式為頭、體腰、上肢、下肢等運動。頭向左右轉時，為頭關節之運動，主動筋肉為後大直頭筋、頭半棘筋、頭長筋、頭夾板筋、下斜頭筋、胸鎖乳頭筋等。

上體左右轉時，脊柱迴旋也，為腰部筋肉之運動，主動筋肉為斷裂筋、旋背筋；其他腹左筋，亦交互動物，其上肢下肢運動筋肉，均與前同。

【注意及矯正】

頭與上體左右轉時，及左右手推出，仍宜挺直勿動，兩臂推出，宜與肩平，掌心吐力。

做第二節換掌，宜鬆肩垂肘。

【治療】

可以矯正上肢、下肢不靈活諸弊。

【應用】

可以練習太極拳中如封似閉，八卦拳中單換掌，岳氏連拳中之雙推手等。

教練口令

第一節　左右推掌數一、二、三、四。

第二節　換掌數一、二、三、四。

第十式　撲地伸腰式

一名餓虎撲食式。

【原文】

兩足分蹲身似傾，伸屈左右腿相更，昂頭胸做探前勢，偃背腰還似砥平，鼻息調元均出入，指尖著地賴支撐，降龍伏虎神仙掌，學得真形也衛生。

【解曰】

本式係由立正式，右足前進一上步，屈膝做右弓箭步樁。同時上體向前屈，以兩手五指著地，兩臂伸直，頭向上抬起，眼平視。然後右足向後撤，與左足相併，兩膝伸直，足尖著地，閉口舌抵上齶，呼吸由鼻孔出入。本此義編做法四節如後。

臥虎撲食式一

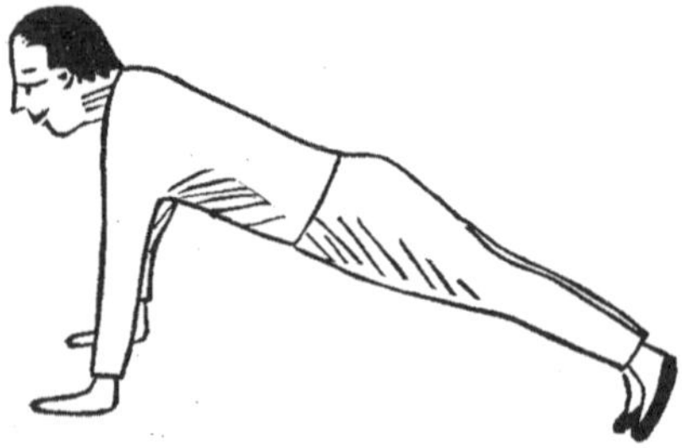

臥虎撲食式二

【作法】

第一節　五動。㈠立正抱肘。㈡進步前推。㈢兩手伏地。㈣立身提手。㈤還原立正。

㈠立正抱肘，與第五式第一節㈠動同。

㈡進步前推，與第五式第二節㈡動同。

㈢上體向前屈，兩臂亦隨之下伸，以兩手掌伏地以止，兩臂伸直，頭抬起，眼平視。

㈣右腿屈膝，左腿崩直，變成丁字步樁。同時上體徐徐直立，兩臂亦隨上體直立，垂於小腹前，手腕外轉，手心向前，同時握拳如提物然。

㈤右腿伸直，左腿收回靠攏，兩手亦垂直腿旁，還原立正式。

第二節　五動。㈠進步前舉。㈡兩手伏地。㈢右腿高舉。㈣還原前舉。㈤還原立正。

㈠由立正式，左腿前進一步，屈膝做左弓箭步。同時兩臂向前平舉與肩平，兩手手掌，掌心相對，指尖向前，眼平視。

㈡上體向前屈，兩臂亦隨之下落，以兩手手指著地，頭略抬起。

㈢右腿向上高舉（量力而行），足面繃直，餘式仍舊。

㈣右腿落地，上體徐徐直立，兩臂亦隨之舉起，還原進步前舉式。

㈤兩臂放下、左腿收回，還原立正。

第三節　六動。㈠進步伏地。㈡左腿後撤。㈢身向前伸。㈣身向後撤。㈤左腿屈回。㈥還原立正。

㈠由立正式，左腿前進一步，屈膝做左弓箭步。同時兩臂下伸，兩手掌心伏地，與本式第二節㈡動同。

㈡左足後撤，與右足併齊，兩腿伸直。兩臂用力挺直，眼平視。

㈢上體徐徐向後撤，兩臂屈，上體再向前伸，兩臂亦隨之伸直。

㈣兩臂屈，上體徐徐向後撤，臂又隨之伸直。

㈤左腿屈回，仍做左弓箭步，與本節㈠動同。

㈥上體直立，左腿收回，與右腿併齊，還原立正式。

第四節　六動，㈠進步伏地。㈡左腿後撤。㈢兩臂下屈。㈣兩臂挺直。㈤左腿屈回。㈥還原立正。

㈠進步伏地，與本式第三節㈠動同。
㈡左腿後撤，與本式第三節㈡動同。
㈢兩臂徐徐向下屈。
㈣兩臂再徐徐伸直。
㈤左腿屈回（見上節）。
㈥還原立正（見上節）。

【運動部分】

此式為全身運動，屈臂為肘關節之屈曲，主動筋肉為二頭膊筋、內膊筋。

上體前屈，脊柱前屈也，主動筋肉為大腰筋、小腰筋、直腹筋、及他筋肉。

屈膝為膝關節之運動，主動筋肉為腸腰筋、直股筋、縫匠筋。腿向上舉，為髀臼關節之前後軸運動，主動筋肉為中臀筋、張股鞘筋等。

【注意及矯正】

兩臂前舉，或前推時，宜伸直與肩平。做弓箭步時，踏出之腿，盡力前屈膝，但不可過足尖，後腿盡力伸直，足踵不可離地。腿向上高舉，宜量力而行，足面宜繃直。

【治療】

可以療治腿臂屈伸不靈活諸病。

【應用】

可以增長腿臂屈伸之力量。

教練口令

第一節　撲地提手數一、二、三、四、五。

第二節　撲地舉腿數一、二、三、四、五。

第三節　撲地伸腰數一、二、三、四、五、六。

第四節　撲地屈臂數一、二、三、四、五、六。

第十一式　抱首鞠躬式

一名打躬式。

【原文】

兩手變持腦，垂腰至膝間，頭惟探胯下，口更齧牙關，俺耳聰教塞，調元氣自閑，舌尖還抵齶，力在肘雙彎。

【解曰】

本式由直立式，兩臂回屈手抱頸後，兩掌掩耳（為教練便利起見，可用三指交叉，頸後抱頭），肘用力後張，上體徐徐前下屈至膝前，然後徐徐起立，閉口舌抵上齶，氣沉丹田，使呼吸有節，氣自鼻孔出入，本此義編做法一節如後。

【做法】

第一節　四動。㈠兩手附頸。㈡上體前屈。㈢上體還原。㈣兩手放下。

㈠由立正式，兩臂上屈於肩上，兩手十指相組，附於頸後，眼平視。

㈡上體徐徐前深屈，至胸部接近

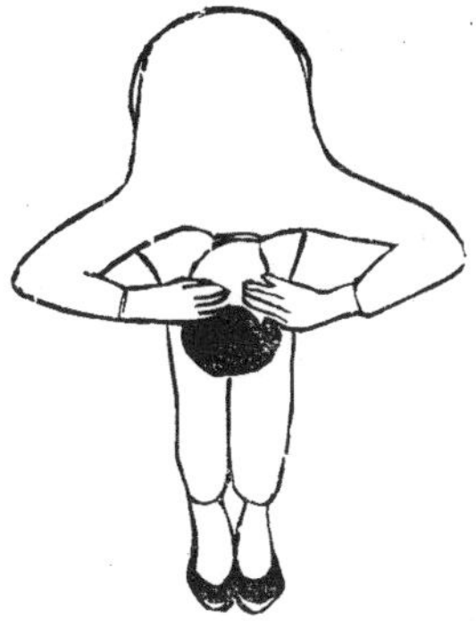

打躬式

腿部為止，頭略抬，兩腿仍挺直勿屈。

㈢上體徐徐直立，還原㈠之動作。

㈣兩手放下還原立正式。

【運動部分】

此式為腰部及肩肘關節之運動，兩手附頸，為上臂側面平舉，前臂屈曲前迴及手腕關節內轉也，主動筋肉為三角筋、棘上筋、小圓筋、棘下筋、迴前方筋、迴前圓筋、外尺骨筋、內尺骨筋。

上體前屈，即脊柱前屈也，腰椎部所屈最多，主動筋肉為小腰筋、腹直筋、腸腰等。

【注意及矯正】

練習此式時，所最宜注意者，即上體前屈時，頭宜略為抬起，否則難免腦充血之病，膝蓋亦挺直勿屈。手伏頸時，兩手宜極力向後張，為擴張胸部起見，否則胸部受壓迫，於生理大受阻礙。

【治療】

可治腰腎諸疾。

【應用】

能使腰部靈活，臂部腿部筋肉伸長。

練習口令

第一節　打躬數一、二、三、四。

第十二式　伸臂下推式

一名掉尾式，又名搬僧式。

【原文】

膝直膀伸，推於至地，瞪目昂頭，凝神一志，起而頓足，二十一次，左右伸肱，以七為至，更做坐功，盤膝垂視，目注於心，息調於鼻，定靜乃起，厥功惟備。

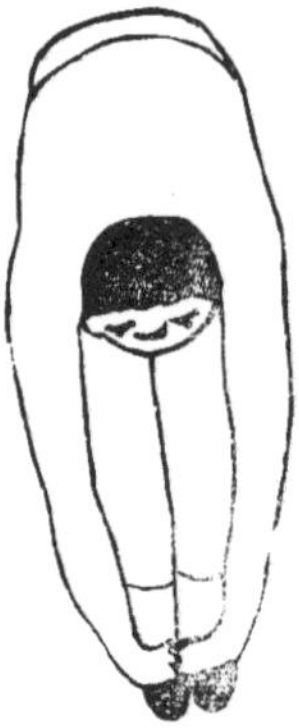

掉尾式

【解曰】

本式由直立式，兩臂左右高舉，手指相組，掌心上翻，上體徐徐向前、左、右深屈，伸臂下推，以兩手掌著地為止，頭略抬起，然後徐徐起立。如此反覆行之，呼吸調勻，心定氣靜。

此式為十二式之終。各式連續練習畢，為時已久，腿部已勞倦，故安頓以休息之。

伸肱者，伸臂也，左右伸舒，以平均其力也。

靜坐方法，與怡養精神頗有關係，運動後能靜片時，以定心志，兼事呼吸，以調和周身血脈，久之則智慧生，身體健，有不期然而然者矣。

【做法】

第一節　四動。㈠兩臂高舉。㈡上體前屈。㈢上體直立。㈣兩臂放下。

㈠由立正式，兩臂由左右向上高舉，兩手十指相組，兩掌心翻向上。

㈡兩膝弗屈，上體徐徐向下深屈，兩臂亦隨之下落，以兩掌心著地為止，頭略抬起。

㈢上體徐徐直起，兩臂亦隨之舉起，還原㈠之姿勢。

㈣兩臂放下，還原立正式。

第二節　六動。㈠兩臂上舉。㈡上體左屈。㈢上體直立。㈣上體右屈。㈤上體直立。㈥兩臂放下。

㈠兩臂高舉，十指相組，掌心上翻。

㈡兩膝勿屈，上體向左轉，徐徐向下深屈，兩臂亦隨之下落，至掌心著地為止，頭略抬起。

㈢上體徐徐直立，兩臂隨之舉起，還原㈠之姿勢。

㈣兩膝勿屈，上體向右轉，徐徐向下深屈，兩臂亦隨之落下，至掌心著地止。

㈤上體徐徐直立，兩臂隨之舉起還原㈠之姿勢。

㈥兩臂放下，還原立正式。

【運動部分】

此式為腰部運動，兩臂高舉時，為肩胛關節，及肩胛之運動也，主動筋肉為前大鋸筋、僧帽筋、三角筋、棘上筋等。

上體前屈，即脊柱前屈也，腰椎部所屈最多，主動筋肉為小腰筋、直腹筋、腸腰筋。

上體向左右屈時，為脊柱側屈，兩旁筋肉交互動作，主動筋肉為薦骨脊柱筋、橫棘筋、方形腰筋、外斜筋等。

【注意及矯正】

兩臂由左右舉起時，臂宜挺直用力，至頭上時，即將兩手十指相組，各以指間抵住手背，兩大臂在兩耳之旁，兩掌上翻，掌心宜吐力。

上體前左右屈時，兩腿宜挺直勿屈，頭宜抬起，以免腦充血，兩臂下落，以著地為宜，但初學時不易，日久即成。

【治療】

可治腰部諸病。

【應用】

能使腰部靈活，臂部、腿部、筋肉伸長。

教練口令

第一節　伸臂下推數一、二、三、四。

第二節　左右伸臂下推數一、二、三、四、五、六。

中華民國二十三年十月初版

少林十二式

定價大洋五角

著作者 北平許禹厚

發行者 體育研究社 北平西單牌樓
北平市國術館 北西斜街五號

印刷者 京城印書局 北平和平門內北新華街
電話南局四五七零號

歡迎至本公司購買書籍

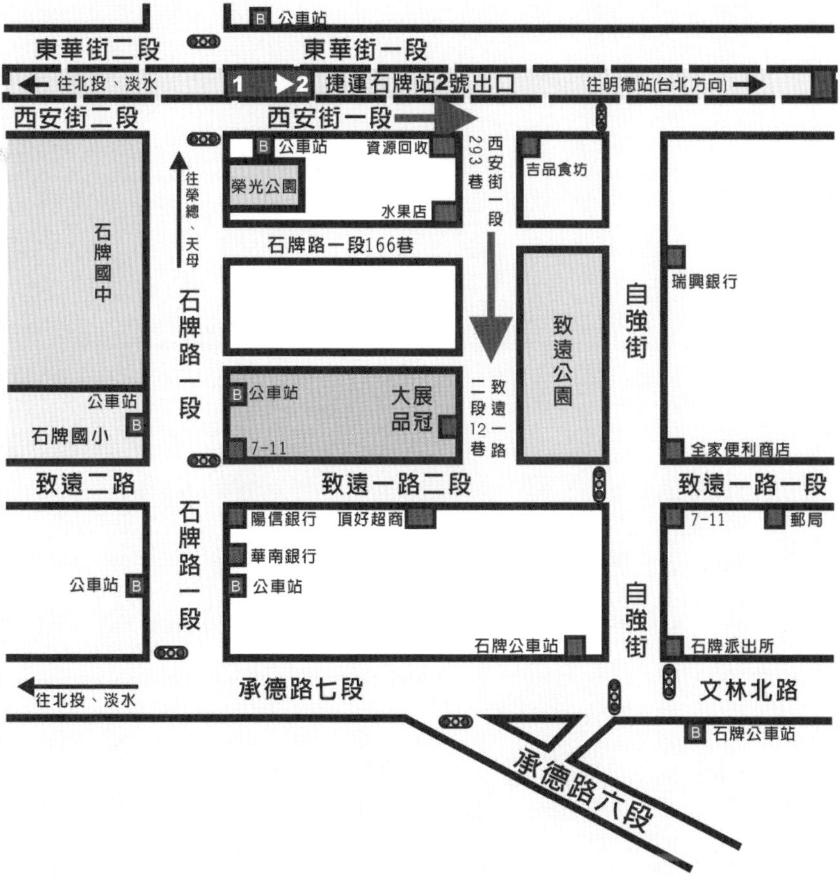

建議路線

1.搭乘捷運・公車

淡水線石牌站下車，由石牌捷運站２號出口出站(出站後靠右邊)，沿著捷運高架往台北方向走(往明德站方向)，其街名為西安街，約走100公尺(勿超過紅綠燈)，由西安街一段293巷進來(巷口有一公車站牌，站名為自強街口)，本公司位於致遠公園對面。搭公車者請於石牌站(石牌派出所)下車，走進自強街，遇致遠路口左轉，右手邊第一條巷子即為本社位置。

2.自行開車或騎車

由承德路接石牌路，看到陽信銀行右轉，此條即為致遠一路二段，在遇到自強街(紅綠燈)前的巷子(致遠公園)左轉，即可看到本公司招牌。

國家圖書館出版品預行編目資料

少林拳法秘傳　少林十二式／許禹生　著
——初版——臺北市，大展，2017[民106.03]
面；21公分——（老拳譜新編；30）
ISBN 978-986-346-154-8（平裝）
1.少林拳
528.972　　106000186

少林拳法秘傳　少林十二式

著　　者／許　禹　生
校 點 者／王　占　偉
責任編輯／王　躍　平
發 行 人／蔡　森　明
出 版 者／大展出版社有限公司
社　　址／台北市北投區（石牌）致遠一路2段12巷1號
電　　話／(02) 28236031・28236033・28233123
傳　　真／(02) 28272069
郵政劃撥／01669551
網　　址／www.dah-jaan.com.tw
E-mail／service@dah-jaan.com.tw
登 記 證／局版臺業字第2171號
承 印 者／傳興印刷有限公司
裝　　訂／眾友企業公司
排 版 者／千兵企業有限公司
授 權 者／山西科學技術出版社
初版1刷／2017年（民106年）3月

定　價／220元

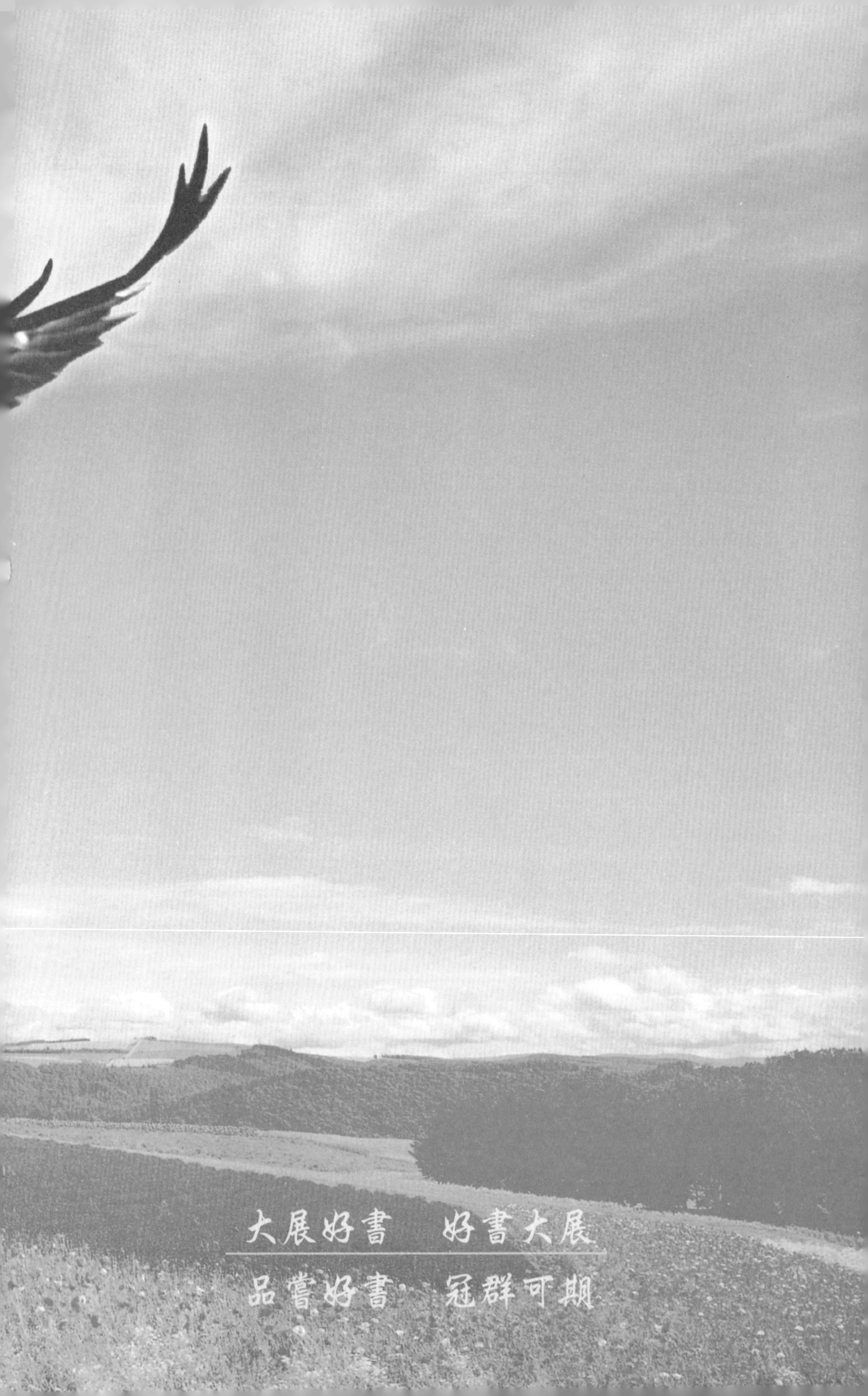
大展好書　好書大展
品嘗好書　冠群可期